Kuba
lieben lernen

Der perfekte Reiseführer für einen unvergesslichen Aufenthalt in Kuba inkl. Insider-Tipps, Tipps zum Geldsparen und Packliste

Vanessa Lilienthal

✈ INHALT

Das erwartet Sie in diesem Buch

Che Guevara, Strand, Palmen, Salsa, Zigarren, Rum und Oldtimer – das sind die ersten Dinge, die einem beim Gedanken an Kuba in den Kopf kommen. Aber Kuba ist so viel mehr!

In den zwei Jahren, die ich auf dieser einzigartigen Karibikinsel gelebt und gearbeitet habe, habe ich Land und Leute kennen und lieben gelernt und möchte Sie hier an meinen ganz persönlichen Erfahrungen und Erlebnissen teilhaben lassen – denn nur, wer sich auf dieses besondere Land der Gegensätze einlässt, wird mit wundervollen Erinnerungen im Gepäck nach Hause zurückkehren. Von geschichtlichen Highlights über Formalitäten bis hin zu praktischen Tipps, Sehenswertem, Sitten, Bräuchen und Anekdoten wird alles dabei sein.

Wen einmal das Kubafieber gepackt hat, den lässt es nicht mehr los! Ich selbst hatte das Glück, mir mit meinem kubanischen Mann und meinem kubanischen Cockerspaniel ein Stück Kuba mit nach Hause zu nehmen und so kehre ich regelmäßig zurück in meine zweite Heimat, um Familie und Freunde zu besuchen.

Ich wünsche mir, Sie für diese Insel begeistern zu können und wünsche Ihnen viel Spaß auf der Reise durch MEIN Kuba!

Wichtige historische Daten

- 1492 Entdeckung der Insel durch Christoph Columbus
- 1511-1515 Eroberung durch Diego Velázquez de Cuéllar im Auftrag des König Ferdinand
- 1868 Ausrufung der Republik Kuba durch Carlos Manuel de Céspedes
- 1868-1902 Unabhängigkeitskrieg
- 1953-1959 Kubanische Revolution
- 1959 Beginn des Castro-Regimes
- 1961 Invasion an der Schweinebucht

- 1962 Kubakrise durch totale US-Blockade
- 1970er/1980er Jahre Phase der Sowjetisierung
- 1990er Jahre Periódo Especial – totale Rationie-rung
- 2008 Übernahme des Regimes durch Raúl Castro
- 2019 Abgabe der Staatsherrschaft an den Minister-präsidenten Manuel Marrero

Praktische Tipps

VOR DER REISE

Die Entscheidung ist gefallen, die nächste Reise soll in die Karibik gehen, genauer gesagt auf die größte der Antilleninseln, nach Kuba. Alle Welt redet über das Land, in dem die Zeit stehen geblieben scheint und darüber, dass man noch unbedingt das ursprüngliche Kuba kennenlernen muss, bevor die Insel amerikanisiert wird.

Ich kann Sie zu diesem Entschluss nur beglückwünschen, denn Sie haben sich ein einzigartiges Reiseziel ausgesucht. Um Ihre Kubareise allerdings vollends genießen zu können, empfehle ich Ihnen, sich unbedingt besser auf Ihre Reise vorzubereiten als man das vielleicht üblicherweise tun würde, denn

Kuba ist auf Grund seiner Geschichte so speziell, dass man vorbereitet sein sollte auf das, was einen erwartet.

Sowohl bei der Reiseplanung als auch bei der Buchung rate ich Ihnen, sich einen Reiseveranstalter zur Seite zu nehmen, der mit Ihnen gemeinsam Ihre Reise gestaltet und dafür sorgt, dass Sie einen einzigartigen Urlaub erleben werden. Warum ich Ihnen das rate? Es ist auf Kuba an der Tagesordnung, dass Dinge schief gehen und nicht funktionieren, hier meine ich zum Beispiel Überbuchungen bei Mietwagen oder Unterkünften, Probleme mit der Qualität der Mietwagen, Ausfall von Inlandsflügen, die Qualität der Unterkünfte und so könnte ich meine Liste endlos weiterführen. In diesen Situationen ist es hilfreich, einen deutschsprachigen Ansprechpartner vor Ort zu haben, der sich um diese Probleme kümmert und für Sie die beste Lösung findet. Die Spezialisten haben immer einen Plan B und handeln schnell und zuverlässig. Ich spreche hier aus eigener Erfahrung, denn ich habe in meiner Zeit auf Kuba viele gestrandete Touristen erlebt, die Ihre Reise über das Internet in irgendwelchen Portalen gebucht haben und vor Ort dann ohne Mietwagen oder

Unterkunft dastanden und keinen Ansprechpartner hatten.

WANN IST DIE BESTE REISEZEIT FÜR EINE KUBAREISE?

Oft werde ich gefragt, wann denn eigentlich die beste Reisezeit für die Karibikinsel sei und wer etwas recherchiert hat, wird wohl überall die Angabe November bis April finden. Generell stimmt dies auch, denn in dieser Zeit ist die Gefahr eines Hurricanes gleich null und die Temperaturen sind erträglich.

Man sollte sich aber auch darüber bewusst sein, dass es im kubanischen Winter auch viele „Frente Frios" gibt. Kaltfronten, die Wind, Regen und niedrige Temperaturen mitbringen, was gerade für Badeurlauber sehr unangenehm werden kann. Verträgt man allerdings keine Hitze oder möchte aktiv unterwegs sein, sind diese Monate klimatechnisch optimal. Da zu dieser Zeit absolute Hochsaison auf Kuba ist, sollte man seine Reise für diesen Zeitraum mindestens 6 Monate vor Abreise gebucht haben, um alle gewünschten Leistungen bestätigt zu bekommen, denn das Übernachtungs- und

Transportangebot auf Kuba ist limitiert und oftmals ist es dann nicht mehr möglich, einen Mietwagen oder die gewünschte Unterkunft zu buchen. Außerdem muss man mit Hochsaisonpreisen rechnen, sowohl bei den Flügen als auch bei den Landleistungen und wer denkt, Kuba sei ein billiges Dritte-Welt-Land, der täuscht sich. Im Gegenteil: Kuba ist ein teures Reiseland, in dem man kein nachvollziehbares Preis-Leistungsverhältnis erkennen kann.

Mein absoluter Reisetipp ist die Reisezeit von Mai bis Mitte Juli. Die Gefahr eines Hurricanes ist gering, Kaltfronten gibt es keine, es regnet meist nur eine Stunde am Tag, die Insel ist nicht mit Touristen überfüllt und man profitiert von Nebensaisonpreisen.

Mitte Juli bis Ende September wird die Luftfeuchtigkeit immer höher und die Temperaturen steigen. Es ist sehr heiß und die Gefahr eines Hurricanes ist hoch. Sie befinden sich mitten in der Regenzeit und müssen damit rechnen, dass es, vor allem nachmittags, zu tropischen Regenschauern und Gewittern kommen kann. Wegen der Sommerferien muss man auch zu dieser Zeit wieder mit Hochsaisonpreisen bei Flügen und Landleistungen rechnen.

DIE PLANUNG DER ANREISE

Kuba hat drei internationale Flughäfen, die für eine Anreise aus Deutschland, Österreich oder der Schweiz interessant sind. Den Flughafen der Hauptstadt Havanna, den Flughafen im bekannten Badeort Varadero und den Flughafen Holguin im Osten der Insel. Wer zwei Wochen Zeit hat für seine Reise und das erste Mal nach Kuba reist, sollte seine An- und Abreise auf die Flughäfen Havanna und Varadero konzentrieren. Wer das Glück hat drei Wochen bleiben zu können, dem empfehle ich einen Gabelflug Havanna/Holguin. In den Hochsaisonmonaten kann es bei hoher Auslastung sinnvoll sein, die klassische Route auch einmal umzudrehen und statt Havanna den Flughafen Holguin anzufliegen und von Havanna aus dann die Heimreise anzutreten. So kann man so manches Verfügbarkeitsproblem vor Ort umgehen.

Es fliegen sämtliche Airlines die Karibikinsel an. So haben wir zum Beispiel die Air France, die niederländische KLM oder die spanische Iberia, die Havanna mit jeweils einem Umstieg unterwegs anfliegen. Wer gerne direkt fliegt und mit dem Gedanken eines Gabelfluges spielt, der sollte sich für die Airline

Condor entscheiden. Diese bringt Sie von dem Flughafen in Frankfurt am Main aus in 10 Stunden direkt an Ihr Reiseziel und fliegt alle wichtigen Flughäfen der Insel an.

WELCHE FORMALITÄTEN MUSS ICH VOR DER REISE BEACHTEN?

Für die Einreise nach Kuba brauchen Sie einen Reisepass, der noch mindestens sechs Monate gültig ist. Sie brauchen ein Touristenvisum, das Sie bei Ihrem Reiseveranstalter bekommen und das unbedingt in Ihrem Heimatland besorgt werden muss. Ohne dieses Visum wird Ihre Airline Sie nicht mitnehmen, denn es ist nicht möglich, dieses Visum vor Ort zu kaufen. Einige Airlines bieten am Flughafen diese Einreisekarten für diejenigen Touristen an, die noch keine haben. Allerdings ist mein Rat, sich nicht darauf zu verlassen, sondern sich schon frühzeitig darum zu kümmern. Gäste, die nicht über einen Reiseveranstalter buchen, bekommen dieses Touristenvisum bei der kubanischen Botschaft.

Eine für Kuba gültige Krankenversicherung ist ebenfalls Pflicht und es werden bei der Einreise

Stichproben gemacht. Reisende, die keine Versicherung vorweisen können sind verpflichtet, vor Ort eine kubanische Krankenversicherung abzuschließen.

MIT WELCHER WÄHRUNG BEZAHLE ICH VOR ORT, WO TAUSCHE ICH GELD UND MIT WELCHEN PREISEN MUSS ICH RECHNEN?

Auf Kuba existieren aktuell noch zwei Währungen. Der CUP, das ist die einheimische Währung, die „Moneda nacional" und der CUC, der „Peso convertible", die Touristenwährung.

Es ist nicht möglich in Deutschland Geld zu wechseln. Da Kuba noch immer ein Bargeldland ist, ist also die beste Option Bargeld in Euro mitzunehmen, welches man vor Ort dann problemlos umtauschen kann. Es empfiehlt sich nicht gleich die komplette Summe zu wechseln, denn vor der Ausreise müssen die übrigen CUC wieder umgetauscht werden. Das Ausführen der Währung ist verboten und in Deutschland ist kein Umtausch möglich. Touristen werden hauptsächlich mit der Touristenwährung konfrontiert. Es gibt allerdings noch immer Orte, an denen mit einheimischer Währung bezahlt wird, wie zum Beispiel Bauernmärkte. Dort können Sie zwar mit CUC bezahlen, es kann aber sein, dass Sie Moneda Nacional zurückbekommen. Das erfordert ein bisschen Umrechnungsgeschick, denn Ihr Rückgeld sollten Sie auf jeden Fall immer kontrollieren. Der aktuelle Umrechnungskurs liegt bei 1 CUC – 23 bis 25 CUP.

In einigen Fällen, wie zum Beispiel beim Taxifahren, ist es manchmal mittlerweile sogar möglich, in Euro zu bezahlen, denn der CUC soll in der Zukunft abgeschafft werden und der Euro ist als starke Währung sehr gerne gesehen.

Wie schon erwähnt ist Kuba ein Bargeldland. EC-Karten funktionieren vor Ort nicht, Kreditkarten nur eingeschränkt. Es darf keine amerikanische Kreditkarte sein und es muss sichergestellt sein, dass Ihre Bank nicht mit einem US-amerikanischen Institut fusioniert. Mit Kreditkarten kann auf Banken, nach Vorlage des Reisepasses, Geld abgehoben werden, allerdings mit einem hohen Gebührensatz. Bezahlen mit Kreditkarte kann man nur in den großen internationalen Badehotels und auch dort bitte immer vorher nachfragen.

Geld wechseln kann man problemlos auf Banken oder in den „CADECAS", den Geldwechselstuben. In den meisten Hotels ist es für Gäste auch möglich, an der Rezeption Geld zu tauschen.

Kuba ist kein billiges Reiseland. Sie werden Preise wie bei uns in Europa vorfinden, gerade in den Restaurants oder beim Tanken. Bei vielen Dingen, wie z.B. Taxi fahren oder auf den Souvenirmärkten ist Handeln üblich. Rechnen Sie als Tourist nicht damit, dass Sie reelle Preise genannt bekommen und gehen Sie davon aus, dass Sie immer handeln müssen. Vergessen Sie nicht, was das monatliche Durchschnittsgehalt eines Kubaners ist und mit welchen Kosten er zu kämpfen hat, um ein halbwegs angenehmes Leben zu führen. Es ist ihnen also nicht wirklich übel zu nehmen. Zu meiner Anfangszeit in Havanna habe ich mich sehr oft schlecht gefühlt, weil ich ständig übers Ohr gehauen wurde. Also musste ich mir eine Strategie überlegen, um besser damit umgehen zu können. Ich entschied mich dazu, bei jedem Kauf oder jeder Leistung zu überlegen, was es mir wert ist, egal was der reelle Preis dafür wäre.

Und seien wir mal ehrlich, ob ich fünf Euro für ein paar Ohrringe statt zwei Euro bezahle, tut mir letztendlich nicht weh und noch weniger, wenn mir die Ohrringe fünf Euro wert sind. Mit dieser Strategie bin ich sehr gut gefahren und habe mich sehr viel besser gefühlt. Ich war zufrieden, denn ich habe immer nur das ausgegeben, was für mich angemessen war und mir nicht mehr ständig Gedanken darüber gemacht, ob ich jetzt übers Ohr gehauen wurde. Mit der Zeit habe ich sowieso nicht mehr wie eine Touristin gewirkt, man hat mir angemerkt, dass ich dort lebe und dann hatte sich das Thema von selbst erledigt.

WIE SICHER IST KUBA ALS REISELAND?

Kuba ist ein sehr sicheres Reiseland, auch für Frauen, die alleine reisen. Natürlich sollte man, wie auch in deutschen Großstädten, im Gewusel der Stadt besonders auf seine Taschen aufpassen und keine Wertsachen offen liegen lassen. Und wie in jedem anderen Land gibt es auch in kubanischen Städten Orte, die man als Tourist besser meidet, allerdings kommt man in diese Viertel als Tourist in der Regel auch nicht. Sie werden sicher auf der Straße mehrfach angesprochen werden, man wird Ihnen alles Mögliche verkaufen oder Sie in jedes Taxi verfrachten wollen. Die beste Strategie ist, dies einfach zu ignorieren und sich nicht darauf einzulassen. Anhalter sollte man ebenfalls keine mitnehmen, auch wenn diese zahlreich an den Straßen stehen und auf sich aufmerksam machen.

ICH PACKE MEINEN KOFFER

Neben den wichtigen Dokumenten für die Einreise steht natürlich hauptsächlich Sommerkleidung auf Ihrer Packliste. Die Luftfeuchtigkeit auf Kuba ist hoch, es schadet also nicht, genug Wechselkleidung vorrätig zu haben. Außerdem sollte man ebenfalls an eine lange Hose und eine leichte Jacke denken, denn in den Wintermonaten kann es abends auch schonmal kühl werden und für die Restaurants der Badehotels gibt es eine Kleiderordnung. An feste Schuhe sollten Sie auch denken, wenn Sie einen der wunderschönen Nationalparks besuchen möchten, denn die Wanderwege dort sind nicht so komfortabel befestigt, wie man es aus den deutschen Wandergebieten gewohnt ist. Ganz wichtig: Mückenschutzmittel und Sonnencreme. Leider helfen die gängigen Mückenschutzmittel nur sehr gering gegen die lästigen Plagegeister, daher achten Sie bitte auf einen sehr hohen Zitronella-Gehalt in dem Produkt ihrer Wahl. Wer zur Regenzeit (Mai bis Oktober) nach Kuba fliegt, freut sich über einen Schirm oder ein Regencape.

Bleibt Ihnen noch etwas Platz im Koffer, freuen sich die Einheimischen sehr über Gastgeschenke. Shampoo, Duschgel, Zahnbürsten, Zahnpasta, Seife – Kosmetikartikel sind Mangelware auf Kuba oder nur in den Touristenläden zu bekommen. Dort sind die Preise für die Einheimischen allerdings so hoch, dass es sich nur wenige Einheimische leisten können, diese dort zu kaufen. Ein Durchschnittsgehalt für Kubaner liegt umgerechnet zwischen 20 und 60 Dollar pro Monat. Bei dieser Summe ist eine Seife, die drei Dollar kostet, absoluter Luxus und für die Mehrheit der Kubaner nicht erschwinglich. Toilettenpapier ist ebenfalls ein Luxusgut vor Ort, daher werden Sie an öffentlichen Toiletten selten Toilettenpapier finden oder es ist üblich dafür zu bezahlen. Füllen Sie doch die Lücken in Ihrem Koffer mit ein paar Packungen feuchtem Toilettenpapier oder Taschentüchern. Süßigkeiten als Gastgeschenke kommen auch immer gut an. Vielleicht haben Sie ja auch noch Kleidungsstücke im Schrank, mit denen Sie nichts mehr anfangen können, die aber noch eine letzte Reise aushalten? Ich trage solche Kleidung im Urlaub immer ein letztes Mal und lasse dann alles direkt dort, denn gute Kleidung aus guten Stoffen ist unbezahlbar und Ihre Kleidung wird mit Sicherheit noch ein paar Jahre voller Stolz getragen.

VON INTERNET, TELEFON, HANDY UND GPS

Nutzen Sie die Gelegenheit und machen Sie einmal Urlaub vom Alltag. An tägliches Checken der E-Mails oder telefonieren ist nicht zu denken. Selbst die fleißigsten Geschäftsleute, die selbst und ständig gewohnt sind, sind gezwungen einmal abzuschalten. Es gibt zwar Internetkarten zu kaufen, die in bestimmten Parks mit WIFI oder in den Lobbys der großen Badehotels genutzt werden können, allerdings ist das Internet so langsam und instabil, dass es oft sehr lange dauert bis eine Seite lädt. Für Skype oder Internettelefonie reicht die Verbindung selten aus. Ja, es fühlt sich anfangs komisch an nicht ständig erreichbar zu sein, allerdings verspreche ich Ihnen, werden Sie sich sehr schnell abgewöhnen alle zwei Minuten auf Ihr Handy zu schauen und Sie werden anfangen es zu genießen nur im Hier und Jetzt zu leben. Das ist richtig erholsam. Wer trotzdem mit zu Hause kommunizieren möchte, der sollte sich aufs SMS schreiben beschränken, denn diese sind bezahlbar. Wer auf das Telefonieren nicht verzichten möchte, der muss mit Preisen von drei Dollar pro Minute nach Deutschland rechnen. Deutsche Handys funktionieren auf Kuba in der Regel problemlos, allerdings brauchen Sie zum Aufladen des Akkus einen Adapter. Die Einfuhr von GPS-Geräten ist verboten und im schlimmsten Fall werden Ihnen die Geräte bei der Einreise abgenommen. Auch hier heißt es „back to the roots" – können Sie noch altmodische Straßenkarten lesen?

TRINKGELDER, JA ODER NEIN?

Es ist auf Kuba üblich, Trinkgeld zu geben und es wird von den Einheimischen auch erwartet. Die Mehrheit der Bevölkerung lebt von diesen Geldern, vergessen Sie nicht wie hoch ein Durchschnittsgehalt auf Kuba ist – das reicht für keine Familie zum Leben aus, daher sind die Trinkgelder lebensnotwenig. Trotzdem gilt auch hier: nur gute Leistung und Einsatz wird belohnt und Sie selbst entscheiden, was Sie an Trinkgeld geben möchten.

PRIVATE CASAS PARTICULARES ODER STAATLICHE HOTELS?

Auf der Suche nach der passenden Unterkunft werden Sie feststellen, dass es zwei verschiedene Möglichkeiten der Unterbringung gibt. Die sogenannten Casas Particulares, zu vergleichen mit kleinen familiengeführten Privatpensionen und die staatlichen Hotels. Die Casas, die eine Lizenz für Touristenunterbringung haben, müssen alle mit einem blauen Anker ausgewiesen werden. Bei diesen Unterkünften gibt es sehr starke Qualitätsunterschiede, deshalb macht es Sinn, sich hier auf Empfehlungen zu verlassen. Es sind auch nicht alle Betreiber der Casas zuverlässig. Das heißt, wenn Sie so eine Unterkunft online buchen kann es passieren, dass sie am Ende dort ankommen und Ihr Zimmer belegt ist. Vielleicht kamen spontan Reisende vorbei, die länger bleiben als Sie oder die noch weitere Leistungen wünschen, dann kann es passieren, dass Sie einfach in eine andere Casa verfrachtet werden. Das ist sehr schade, wenn Sie sich eine spezielle Unterkunft ausgesucht und sich darauf gefreut haben. Leider ist das immer wieder der Fall, denn der Kubaner denkt hier ausschließlich daran, wie er am meisten Profit machen kann.

Casas, die Verträge mit Reiseveranstaltern abschließen, verpflichten sich, die Zimmer auch bereit zu stellen. Hier kann man sich darauf verlassen auch das gebuchte Haus mit einem gewissen Qualitätsstandard zu bekommen. Sie bekommen Einblicke in den Alltag der Einheimischen und Sie sind nah dran an der Bevölkerung. Die Hausmannskost, die die Frau des Hauses Ihnen gegen Bezahlung auftischt, ist unschlagbar gut, das Frühstück dort ein Highlight und selbst ein Wäschewaschservice wird angeboten. Für mich sind die Casas die Unterkünfte der Wahl bei einer Kubareise – bis auf die Strandregionen. Mal abgesehen davon, dass es an vielen Stränden keine Casas gibt, ist die Auswahl an guten Badehotels tatsächlich gegeben.

Staatliche Hotels gibt es überall, wo es Touristen gibt. Allerdings lässt die Qualität und der Service hier oft zu wünschen übrig. Es gibt „Luxushotels" internationaler Ketten in den großen Städten und Baderegionen, 300 Dollar für eine Nacht sind hier aber keine Seltenheit und auch diese Häuser werden von den Landesgegebenheiten nicht verschont. Fällt der Strom aus oder gibt es kein Wasser, kann Ihnen das auch in diesen Häusern passieren. Rattert die Klimaanlage oder fehlen Teller am Frühstücksbuffet? Auch das ist normal. Gerade in Havanna wünschen sich viele Gäste in einem typisch kolonialen Hotel untergebracht zu sein. Dieser Charme ist auch einmalig, auf Grund der Bauweise der Hotels ist es allerdings nicht unüblich, ein Zimmer ohne Fenster zu bekommen. All diese Dinge sind kein Grund sich zu ärgern, sondern sind typisch kubanisch. Wer zentral wohnen möchte muss auch damit rechnen, dass er von einer gewissen Geräuschkulisse umgeben ist, denn die Kubaner sind ein lebensfrohes Volk – sie unterhalten sich auch nachts lautstark auf den Straßen, sind mit lauten Mofas unterwegs oder hören einfach die halbe Nacht in ihrem Hof oder vor ihrer Haustüre laut Musik. Wer sich ruhige Nächte wünscht, der sollte auf ländliche Gebiete oder Viertel ausweichen. Dies gilt sowohl für die Casas als auch für die staatlichen Hotels.

Welche Art der Unterkunft Sie wählen, ist also am Ende einfach Geschmackssache.

MIETWAGEN ODER ÖFFENTLICHE VERKEHRSMITTEL?

Eine Mietwagenrundreise ist die flexibelste Art die Insel zu bereisen. Spanischkenntnisse sind hier von Vorteil, aber nicht zwingend notwendig. Den Mietwagen sollten Sie auf jeden Fall mit genügend Vorlaufzeit buchen, denn die Anzahl ist stark limitiert. Daher ist so ein Wagen auch recht teuer und das, was Sie am Ende bekommen, kann sehr abenteuerlich sein. Haben Sie den Wagen bei einem guten Reiseveranstalter gebucht, haben Sie bei der Übernahme einen Vertreter der Agentur dabei, der Sie unterstützt und mit Ihnen zusammen den Wagen kontrolliert. Die Versicherung ist immer vor Ort direkt bei der Mietwagenfirma zu bezahlen. Am besten in bar. In einigen Fällen ist auch die Zahlung mit Kreditkarte möglich. Hierauf würde ich mich allerdings nicht verlassen. Unterscheiden sich Annahme- und Abgabeort des Wagens, fällt in der Regel eine Einweggebühr an.

Es empfiehlt sich in Deutschland beim ADAC noch eine private Unfallversicherung für Mietwagenreisen im Ausland abzuschließen, denn die deutschen Deckungssummen sind deutlich höher als die kubanischen. Wichtig ist, alle Makel auf dem Übergabeformular vermerken zu lassen, den Tankzähler zu kontrollieren und sich zu vergewissern, dass der Ersatzreifen in Ordnung ist und über ausreichend Luft verfügt. Der Vertreter wird Ihnen eine Straßenkarte überreichen, all Ihre Fragen beantworten und dann kann das Abenteuer auch schon losgehen. Halten Sie sich immer an die Geschwindigkeitsbegrenzungen, rechnen Sie mit Ochsenkarren und Fahrradfahrern auf den Straßen, die sich nicht an die Verkehrsregeln halten und nehmen Sie keine Anhalter mit. Parken Sie den Wagen immer auf einem bewachten Parkplatz und warten Sie nicht, bis der

Tank leer ist, sondern füllen Sie diesen unterwegs immer wieder auf, um auf der sicheren Seite zu sein. Die Benzinpreise vor Ort sind mit den europäischen Preisen zu vergleichen und Sie brauchen keinen internationalen Führerschein. Sollten Sie einen Unfall oder ein anderes Problem mit Ihrem Wagen haben, wenden Sie sich bitte direkt an Ihre Agentur, um weitere Probleme zu vermeiden. Gerade bei einem Unfall müssen strikte Regeln eingehalten werden. Sollten Sie unterwegs angehalten werden und einen Strafzettel bekommen, muss dieser auf Ihren Mietwagenunterlagen vermerkt werden und wird am Ende an die Mietwagenfirma bezahlt. Bei einem Strafzettel muss nichts sofort bezahlt werden. Wird dies von Ihnen verlangt, können Sie sich sicher sein, dass hier ein Betrug vorliegt.

Die Straßenverhältnisse auf Kuba können abenteuerlich sein. Ist man zu schnell unterwegs kann es passieren, dass man in einem der zahlreichen Schlaglöcher landet. Rechnen Sie damit, dass Sie langsamer vorankommen als bei uns in Deutschland und das, obwohl auf der Autobahn nicht viel Verkehr herrscht. Sie wird auch genutzt von Ochsenkarren oder Radfahrern und es ist nicht unüblich, dass

Verkehrsteilnehmer dort auch umdrehen oder die Autobahn quer überkreuzen. Alles kein Problem, solange Sie in einem angemessenen Tempo unterwegs sind. In den Städten müssen Sie besonders umsichtig sein, denn hier herrscht viel Trubel. Menschen überqueren, ohne zu schauen die Straße, Tiere sind frei unterwegs, Kinder spielen draußen, Kutschen blockieren Ihnen den Weg. Überholen Sie nicht kopflos und planen Sie lieber etwas mehr Zeit ein. Vermeiden Sie das Fahren im Dunkeln, denn die Beleuchtung lässt zu wünschen übrig.

Eine weitere Möglichkeit der Beförderung ist der Fernbus VIAZUL. Es gibt in allen größeren Städten einen Busbahnhof, allerdings nicht an allen Orten, die einen Besuch wert wären. Daher ist das Reisen mit dem Bus viel weniger flexibel als mit dem Mietwagen. Die Bustickets sind billig und die Busse sehr gut gebucht. Die Tickets bekommen Sie immer an den Busstationen Ihrer jeweiligen Abfahrtsstadt und Sie sollten diese immer mindestens zwei Tage vor der geplanten Abfahrt kaufen, um sich auch noch einen Platz im Bus zu sichern. Die Busse sind sehr zuverlässig, mit Verspätungen muss allerdings immer gerechnet werden.

An den Fernbusstationen werden Sie mit Sicherheit von privaten Taxifahrern angesprochen werden, die Sie für das gleiche Geld an Ihr Ziel bringen wollen. Generell gilt hier, dass Sie sich auf dieses Abenteuer einlassen können, allerdings muss Ihnen bewusst sein, dass Sie im Falle eines Unfalls nicht versichert sind.

Zugfahren ist nicht üblich und das Schienennetz sehr schlecht und spärlich ausgebaut. Es ist zwar eines vorhanden, dieses ist allerdings nicht für den Tourismus geeignet.

Wer sich für eine privat geführte Rundreise entschieden hat, bekommt einen Reiseleiter und einen Fahrer an die Hand und kann sich auf einen komfortablen Minivan freuen. Bei dieser Form des Reisens kann man sich entspannen, unterwegs aus dem Fenster schauen und die Landschaft genießen. Sie werden von Ihrem privaten Chauffeur sicher ans Ziel gebracht und müssen sich um nichts kümmern.

Von der Buchung von Inlandsflügen rate ich eindeutig ab. Die Flotte ist sehr alt und die Verbindungen sind mehr als unzuverlässig. Da es viel zu wenige Flugzeuge gibt und sich ständig welche in Reparatur befinden, fallen ständig Flüge aus, haben stundenlange Verspätungen oder Verbindungen werden spontan komplett gestrichen. Wer dennoch nicht auf Inlandsflüge verzichten möchte, muss unbedingt darauf achten, dass er niemals den internationalen Flug und den Inlandsflug auf denselben Tag legt, denn das kann ganz schön schief gehen.

WO BEKOMME ICH AUF KUBA GUTES ESSEN?

Auch das ist eine Frage, die sehr oft an mich gerichtet wird. Natürlich bekommen Sie auf Kuba etwas zu Essen, die kubanische Küche hat unheimlich Leckeres zu bieten. Als ich nach Kuba gezogen bin, dachte ich der Aufenthalt sei sicher gut für mich, um endlich meine lang ersehnte Diät durchzuziehen. Denn ich war mir sicher, bei der Hitze keinen Hunger zu haben. Das Gegenteil war der Fall! Denn durch das ständige Schwitzen hatte ich ständig Hunger und zu allem Überfluss hat mir einfach viel zu viel auch sehr gut geschmeckt. Das Ergebnis? Ich hatte 15kg zugenommen! Der kubanischen Küche stehen wenige Zutaten zur Verfügung, aber Sie werden staunen, wie geschmackvoll sie sein kann. Schweinefleisch,

Hühnchen, Reis, Bohnen, Kochbananen und Eier sind die Klassiker. In den Meeresregionen werden Sie sagenhafte Languste oder Shrimps kosten können. Tamales aus Mais und Ropa Vieja (bedeutet übersetzt „alte Kleider" – na neugierig geworden?) sind für mich die Highlights. Diese sollten Sie auf jeden Fall probieren, wenn Sie es irgendwo auf der Karte finden. Wer bis in den Osten der Insel fährt wird feststellen, dass sich auch die Küche verändert. In Baracoa, am östlichsten Zipfel, wird sehr viel mit Kokosnuss gekocht. Hier wird die Nähe zu Jamaika deutlich.

Es gibt staatliche Restaurants oder private Paladares, wobei hier die privaten Häuser klar vorzuziehen sind. Sie überzeugen mit frischen Zutaten, kreativen Rezepten und gutem Service. Aber auch in Ihrer Casa können Sie zu Abend essen, dort wird zünftige kubanische Hausmannskost aufgetischt. Das Essen sollten Sie immer schon am Morgen anmelden, denn die „Frijoles" köcheln stundenlang auf dem Herd.

Wer etwas Süßes bestellt muss damit rechnen, dass er etwas sehr Süßes aufgetischt bekommt…für meinen persönlichen Geschmack zu süß. Daher habe ich mir angewöhnt, bei Cocktails immer dazuzusagen, dass ich ihn gerne weniger süß hätte, denn der klassische Mojito enthält sehr viel Zucker. Mein Lieblingsgetränk ist die „Limonada natural frappé", eine natürliche Zitronenlimonade mit „crushed Ice". Sehr erfrischend bei der Hitze! Aber auch hier empfiehlt es sich für den europäischen Gaumen um weniger Zucker zu bitten.

Supermärkte sind ein Abenteuer. Sie werden zahlreiche leere Regale vorfinden, dann finden Sie 3 Regale voller Mayonnaise. Die Auswahl ist gering, Brot und Wurst wie bei uns werden Sie dort nicht finden. Daher ist es nicht möglich, sich im Supermarkt einen Vorrat an Lebensmitteln einzukaufen und sich Proviant für unterwegs zu richten.

VON DOMINO UND NATIONALSPORT

Der offizielle Nationalsport auf Kuba ist Baseball, als Nationalsport wird dort aber auch das Dominospiel bezeichnet. Jeder von uns kennt sicher dieses Spiel, bei dem es darum geht, gleiche Zahlen aneinander zu legen und alle Steine los zu werden. So dachte ich bei meinem ersten Dominospiel, dass das ja nicht so schwer sein kann und ich habe mich ehrlich gesagt etwas gewundert über diese Leidenschaft der Einheimischen, was dieses Spiel betrifft. Sie gehen darin auf, diskutieren lautstark und mögen es überhaupt nicht, wenn sie verlieren. Schnell merkte ich allerdings, dass hier einiges anders abläuft im Spiel als bei uns zu Hause. An einem Dominotisch sitzen immer vier Personen, denn es wird in Teams gespielt – immer zwei Personen, die sich gegenübersitzen. Um die Gegner auszuschalten muss man sich ganz genau merken, wer wann welchen Stein gelegt hat und bei welchen Zahlen das gegnerische Team nicht legen kann und aussetzen muss. Gleichzeitig muss ich meinen Spielpartner unterstützen, indem ich mir darüber klar werde, welche Zahlen er gut legen kann und bei welchen er aussetzen müsste, was es für mich zu verhindern gilt.

Was wurde ich ausgelacht und von meinem Spielpartner zurechtgewiesen, da wir natürlich anfangs immer verloren haben. Dieses Spiel hat Strategie und es wird in einer sehr hohen Geschwindigkeit gespielt. Natürlich wollte ich das nicht auf mir sitzen lassen, so habe ich mir dann mit der Zeit meine eigene Strategie aufgebaut, die mich dazu brachte, jedes Spiel zu gewinnen. Dies führte dazu, dass am Ende keiner mehr gegen mich spielen wollte. Das Dominospiel ist mittlerweile auch fester Bestandteil bei uns zu Hause geworden. Wenn Sie durch die Straßen Kubas schlendern, werden Sie viele Einheimische sehen, die ihre Dominotische draußen aufgebaut haben und ich möchte Sie ermuntern, sich einmal an einen solchen Tisch zu setzen und mitzuspielen. Sie werden die größte Freude haben, da bin ich sicher – und die Kubaner ebenfalls.

Ihre Reise durch MEIN Kuba

Nun sollten Sie soweit vorbereitet sein und die Reise kann beginnen. Für eine zweiwöchige Tour sieht die klassische Reiseroute in etwa so aus: Havanna – Vinales - Las Terrazas – Cienfuegos – Trinidad - Santa Clara – Varadero - Havanna.

Wer drei Wochen Zeit hat (was ich Ihnen auch unbedingt empfehle), hat das Glück, bis in den wilden Osten reisen zu können. Eine klassische Reiseroute wäre dann folgende: Havanna – Vinales - Las

Terrazas – Cienfuegos – Trinidad - Sancti Spiritus – Camaguey - Santiago de Cuba – Baracoa – Guardalavaca - Holguin.

PULSIERENDE HAUPTSTADT HAVANNA

Die Mehrheit der Reisenden beginnt Ihren Aufenthalt in Havanna, der pulsierenden Hauptstadt der Insel. Es bietet sich an, hier mindestens zwei Nächte zu verbringen. In der Regel kommen die internationalen Flieger abends in Havanna an, das heißt Sie werden in Ihre Unterkunft fahren und dann erstmal ins Bett fallen.

Der nächste Tag hält viele Überraschungen für Sie bereit. Den Vormittag verbringen Sie in Havannas Altstadt, die unter UNESCO Weltkulturerbe steht. In der Nähe des Parque Central befinden sich schon die ersten Sehenswürdigkeiten – das Capitolio und das Gran Teatro de La Habana. Beides ist nur von außen zu besichtigen. Sie schlendern, vorbei am Edificio Bacardi, die Fußgängerzone Obispo entlang und erkunden die vier Hauptplätze der Stadt: die Plaza de Armas, Plaza Vieja, Plaza San Francisco und die Plaza de la Cathedral mit seiner wunderschönen Kathedrale. Für Kultur– und Geschichtsinteressierte bietet die Altstadt viele tolle Museen, wie zum Beispiel den Palacio de los Capitanes Generales, in dem Sie alles über die Geschichte der Hauptstadt erfahren. Revolutionsinteressierte kommen im Museo de la Revolucion auf Ihre Kosten, Kunstinteressierte im Museo de Bellas Artes und wer schon immer etwas über die Rumherstellung erfahren wollte, ist im Museo de Ron richtig aufgehoben. Unterwegs erfrischen Sie sich im Museo de Chocolate bei einer leckeren kalten Trinkschokolade.

Zigarrenliebhaber sollten sich nicht den Besuch im Hotel Conde de Villanueva entgegen lassen. Über eine schmale Treppe erreichen Sie die hauseigene Humidorbar. Schon beim Öffnen der Türe sticht Ihnen der Zigarrenduft in die Nase. Hier finden Sie etliche Regale gefüllt mit Zigarren verschiedener Größen, Stärken und Marken. Eine Lounge lädt zum Sitzen und Genießen ein. Bei einer Degustation können Sie direkt vor Ort eine Zigarre rauchen und bekommen dazu einen Espresso und einen Rum serviert.

Mittagessen können Sie zum Beispiel im

Privatrestaurant Dona Eutimia an der Plaza de la Cathedral. Natürlich möchten Sie sicher auch den bekannten Bars La Floridita und Bodeguita del Medio einen Besuch abstatten. Allerdings rate ich Ihnen, Ihren Cocktail dort nicht zu trinken, denn er kostet dreimal so viel wie in einer anderen Bar.

Am Nachmittag steht der moderne Teil der Stadt auf dem Programm. Sie fahren mit dem Oldtimertaxi oder Cocotaxi (einer gelben Eierschale – Achtung, bei diesem Fahrstil brauchen Sie starke Nerven), am berühmten Malecon entlang, vorbei an Havannas bekannter Universität, dem weltberühmten Hotel Nacional, der Plaza de la Revolución und dem Cementerio Colon, mit seinen wunderschönen weißen Marmorstatuen, ins Stadtviertel Vedado, dem Studentenviertel mit der 23. Straße, der Ausgehstraße der Kubaner. Hier haben Sie die Möglichkeit, sich in der bekannten Eisdiele La Coppelia ein Eis für unterwegs mitzunehmen.

Weiter geht es, entlang der 5ta Avenida, ins Botschafterviertel Miramar mit seinen zahlreichen Villen. Hier wohnen neben den Botschaftern auch hohe Militärangehörige. Ziel ist das Fischerörtchen Jaimanitas am Stadtrand mit seinem ganz besonderen

Barrio de José Fuster. José Fuster ist der kubanische Gaudí. Er hat mit seiner Kunst ein ganzes Viertel gestaltet und das Highlight ist natürlich sein eigenes Haus, das auch begehbar ist. Für mich persönlich immer wieder ein faszinierender Besuch. Ein ganz besonderes Souvenir ist sicher eine seiner bemalten Kacheln, die man direkt vor Ort kaufen kann.

Auf dem Rückweg könnten Sie ihren Fahrer bitten, durch den Bosque Habana zu fahren, einen tropischen Wald mitten in der Stadt.

Für das Abendessen reservieren Sie sich einen Tisch im bekannten Restaurant La Guardia, bekannt als Filmkulisse aus dem Film „Fresa y chocolate". Da dieses Restaurant immer ausgebucht ist, ist eine Reservierung zwingend notwendig. Danach geht es rüber auf die andere Uferseite zum Morro, der Festung der Stadt. Dort erleben Sie um Punkt 21 Uhr die traditionelle Kanonenschusszeremonie. Wer Zeit hat, sollte sich auf der Terrasse des Restaurants Divina Pastora noch einen Cocktail gönnen. Sie werden mit einem einzigartigen Blick auf die Stadt belohnt.

Wer gerne ausgeht, dem empfehle ich einen Besuch in der Casa Miglis, um dort die einzigartige Show des Tanzensembles Havanna Queens zu erleben. Von traditionellen Tänzen bis hin zu modernen Rhythmen werden Sie dort mitgerissen und zum Tanzen animiert. Auch hier gibt es Tickets, die ein Abendessen einschließen. Es ist auch möglich, hinter die Kulissen des Ensembles zu blicken und bei einer Trainingseinheit anwesend zu sein.

Wer gerne klassisches touristisches Abendprogramm erleben möchte, der ist in der weltbekannten Tropicanashow oder dem Cabaret Parisien im Hotel Nacional, gut aufgehoben. Gerade für die Tropicanashow ist es typisch, sich schick anzuziehen und mit einem klassischen Oldtimer vorzufahren.

Die Gäste, die länger in der Hauptstadt verweilen, können noch einen Ausflug an die Playas del Este, den Stadtstrand Havannas machen. Es gibt auch einen Strandbus, der Sie vom Parque Central aus direkt an den Strand fährt und wieder zurück in die Stadt bringt.

Wobei Ihnen auf unserer Reise noch weit schönere Strände begegnen werden. Wer ca. 50 km weiter in Richtung Varadero fährt, kann wunderschöne Stunden am Strand von Jibacoa verbringen, einem naturbelassenen Strand am einzigartig türkisblauen Meer. Bcim Schnorcheln sehen Sie hier wunderschöne bunte Fische und die vielen Bäume spenden Ihnen Schatten, damit Sie nicht in der prallen Sonne liegen müssen. Es besteht auch die Möglichkeit, sich Liegen zu mieten.

Wer längere Zeit an diesem schönen Strandabschnitt verbringen möchte, dem empfehle ich einen Aufenthalt im Hotel Memories Jibacoa. Ein Hotel nur für Erwachsene, umgeben von tropischer Natur und karibischem Meer. Von hier aus lohnt sich auch ein Ausflug in das Viertel des ehemaligen Zuckerbarons Hershey (Hersteller der amerikanischen Hershey-Schokolade), in dem man noch die ehemalige Zuckerfabrik, Herrenhäuser und Sklavenhäuser sehen kann. Auch ein Spaziergang durch die „Jardines de Hershey" – die Hershey-Gärten - ist lohnenswert und erholsam.

Eine tolle Art und Weise Havanna und Umgebung kennenzulernen, ist auch die Buchung einer E-Bike-Tour. Für mich war es, trotz Hitze, ein spannendes Erlebnis und man nimmt seine Umgebung doch noch einmal ganz anders wahr. In der Stadt selbst fand ich es nicht angenehm zu fahren, da es recht trubelig ist und der Verkehr auch gewöhnungsbedürftig ist. Also habe ich die Tour zu den Playas del

Este gewählt und diese war unschlagbar schön.

ÜBER ARTEMISA IN DIE TABAKREGION PINAR DEL RIO

Weiter geht es in meine absolute, naturgeprägte Lieblingsregion – die Tabakregion um Vinales. In der Provinzhauptstadt Pinar del Rio bietet sich ein Besuch der legendären Zigarrenfabrik an. Aber Achtung: Die Fabriken werden oft kurzfristig für den Tourismus geschlossen, daher ist es nicht möglich einen Besuch zu garantieren. Auf dem Weg nach Vinales und auch im Ort selbst, gibt es aber zahlreiche Tabakbauern, deren Haus Sie besuchen und wo Sie auch direkt hausgemachte Zigarren kaufen können. Das Örtchen Vinales ist geprägt durch seine bunten Häuschen und die beeindruckenden Mogotes – die Kalksteinfelsen, die auf allen Werbebildern zu sehen sind. In Vinales ist die Zeit stehen geblieben, Äcker werden noch mit Ochsen bewirtschaftet und man fühlt sich in ein anderes Jahrhundert zurückversetzt. Ich selbst verbringe hier immer mindestens zwei volle Tage, denn ich liebe diesen Ort und seine Umgebung. Es besteht die Möglichkeit, eine Fahrradtour zu unternehmen oder das Valle de Vinales auf dem Rücken eines Pferdes zu erkunden. Allerdings sollten Sie den Gesundheitszustand der Tiere kontrollieren und die Art und Weise, wie mit ihnen umgegangen wird.

Kommt man in Vinales an, ist in der Regel die erste Station die Aussichtsplattform des Hotels Los Jazmines, von wo aus Sie einen traumhaften Blick ins Tal genießen und einen ersten Eindruck der Region bekommen können.

Ein besonderes Erlebnis ist der Besuch einer der zahlreichen Tropfsteinhöhlen. Die Cueva del Indio ist eine davon. Man wird ein kleines Stück zu Fuß durch die Höhle geführt und steigt dann in ein Boot, um auf einem unterirdischen Fluss durch die Höhle zu fahren. Weniger bekannt und daher weniger touristisch ist die Cueva Santo Tomas, eine der größten Tropfsteinhöhlen der Karibik. Platzangst sollte man bei dieser Besichtigung allerdings nicht haben.

Eine weitere Sehenswürdigkeit ist die Mural de la prehistoria – die prähistorische Mauer, mit ihren Malereien des mexikanischen Künstlers Gonzales Morillo. Es lohnt sich hier nicht unbedingt Eintritt zu bezahlen, man kann die Mauer auch aus der

Entfernung gut sehen und fotografieren.

Mein persönliches Highlight in Vinales ist der kleine private botanische Garten von Caridad. Völlig unscheinbar, hinter einem Törchen, liegt der wunderschöne tropische Garten mit seinem einzigartigen Flair. Eintritt kostet der Besuch hier keinen, allerdings kann man am Ende der Tour eine kleine Spende hinterlassen.

Wer Hunger hat, der sollte sich bei Alberto Vitamina in seinem Paladar Bella Vista anmelden. Es gibt hier keine Karte, sondern es wird immer frisch und traditionell gekocht von seiner Haushälterin, die er liebevoll „Negra" nennt. Wenn Sie nicht stundenlang warten möchten bis das Essen zubereitet ist, empfehle ich Ihnen, sich bereits morgens bei Alberto anzumelden für die Mittagszeit, damit alles vorbereitet ist bis Sie kommen. Sie genießen sehr gute kubanische Küche mit einzigartiger Aussicht. Warum Alberto Vitamina heißt? Seinem Haus direkt gegenüber steht ein Früchtestand, an dem es zahlreiche tropische Früchte zu kaufen gibt.

Wer in Vinales noch einen zweiten Tag zur Verfügung hat, der hat das Glück bei einer Tour durch das Valle Ancón, Richtung Puerto Esperanza, ein einzigartiges Naturschauspiel zu erleben. Sie fahren mitten durch die Kalksteinfelslandschaft und fühlen sich wie in Jurassic Park. Puerto Esperanza ist ein kleines verschlafenes Fischerdorf, in dem es nicht viel zu sehen gibt, das aber abseits des Tourismus liegt und schon der Weg dorthin lohnt sich. Dort angekommen empfehle ich ein Mittagessen bei Toni – eine der besten Langusten, die ich auf Kuba gegessen habe. Bei den Cocktails sollten Sie vorsichtig sein, sie enthalten sehr viel Alkohol.

Eine andere Möglichkeit den Tag zu verbringen, ist der Besuch der kleinen vorgelagerten Insel Cayo Jutías. Diesen Besuch empfehle ich vor allem für diejenigen Gäste, die baden wollen, denn das karibische Meer ist hier einzigartig. Der Weg dorthin ist allerdings abenteuerlich und die Straßenverhältnisse schlecht. Die Landschaft jedoch ist einzigartig! Sie sollten für diesen Ausflug einen kompletten Tag einplanen.

Am äußersten westlichen Zipfel der Region liegt Maria La Gorda – dieser Ort ist allerdings, meiner Meinung nach, nur für Taucher interessant, denn hier finden Sie eines des besten Tauchgebiete der Region.

Die klassische Reiseroute führt nun vom Westen Kubas nach Zentralkuba. Da diese Strecke sehr lang ist, gibt es mehrere Möglichkeiten für einen Zwischenstopp. Der erste mögliche Zwischenstopp ist das vorgelagerte Inselchen Cayo Levisa. Hier müssen Sie Ihren Wagen auf dem Parkplatz parken und mit der Fähre rüberfahren. Allerdings fährt diese Fähre nur zwei Mal am Tag, einmal morgens und einmal abends. Es gibt auf diesem Inselchen auch nur ein Hotel, ein charmantes Holzhaus, das sehr beliebt ist. Daher ist hier eine frühzeitige Reservierung unabdingbar.

Eine andere Variante ist ein kurzer Zwischenstopp im tropischen Soroa mit seinem Orchideengarten und dann weiter nach Las Terrazas, dem einzigen Biosphärenreservat der Insel. Untergebracht sind Sie im Hotel Moka, einem Hotel, das um einen Mangobaum herum gebaut wurde, dessen Stamm in der Lobby des Hotels zu sehen ist. Autos fahren in diesem Örtchen keine, außer Mietwagen und Taxen. Es besteht die Möglichkeit, Fahrräder zu leihen oder wandern zu gehen.

Im Rio San Juan kühlen Sie sich bei einem erfrischenden Bad im Fluss ab, bevor es zum Mittagessen in das einzige vegetarische Restaurant der Insel geht, in dem alle Zutaten selbst angebaut werden. Hier gibt es sogar eine Speisekarte auf Deutsch, da das Restaurant ein Schwesternrestaurant in Berlin hat. Nach dem Essen empfehle ich einen Besuch im Café Maria nebenan – hier bekommen Sie den besten Eiskaffee auf ganz Kuba! Den sollten Sie sich auf keinen Fall entgehen lassen.

Sind Sie eher der Adrenalinjunkie, kommen Sie am Nachmittag bei der Canopytour auf Ihre Kosten, bei der Sie über die Wipfel der Palmen rauschen. Wer es ruhiger mag, kann die Zeit für Vogelbeobachtungen nutzen oder bei einer Bootsfahrt auf dem örtlichen See entspannen.

AUF DEM WEG NACH ZENTRALKUBA

Weiter geht es in Richtung Zentralkuba – Ihr nächstes Ziel ist die Küstenstadt Cienfuegos. Eine längere Fahrt liegt heute vor Ihnen. Sie nehmen die Route über die legendäre Schweinebucht, dies ist ein kleiner Abstecher am Meer entlang, der sich auf jeden Fall lohnt. In Guamá, einem Örtchen das für seine

Krokodilfarm bekannt ist (die allerdings keinen Besuch wert ist), machen Sie Halt und essen eines der leckeren Krokodilsandwiches (nein es handelt sich hier nicht um Krokodilfleisch, sondern um Sandwiches in Krokodilform, die mit verschiedenen Dingen belegt sind). Über das Örtchen Playa Larga gelangen Sie zur Cueva de los peces, einem traumhaften Ort, um sich bei einem kühlen Bad im Meer zu erfrischen. Das Tollste an dieser Badestelle ist allerdings, dass man hier wunderbar schnorcheln kann und sich hier wunderschöne bunte Fische tummeln. Die Schweinebucht zählt zu den besten Tauchregionen der Insel und ist auf Grund ihres Sumpfgebietes besonders interessant für Vogelbeobachtungen. Wer besonders viel Geduld hat, kann hier den kleinsten Vogel der Welt, den Zunzuncito (die Bienenelfe) sehen. Aber Achtung: In den Sommermonaten überleben Sie hier nicht ohne Moskitospray.

Die Cueva de los peces lädt ebenfalls zum Schnorcheln ein, es handelt sich hier um einen dunklen See mit einer unterirdischen Höhle.

Weiter geht es nach Playa Girón. Wer noch nicht genug vom kühlen Nass hat, kann einen Stopp in der Calcta Buena einlegen, einem Naturschwimmbad, das mitten ins Meer eingelassen und touristisch noch nicht sehr bekannt ist.

Nun dauert es nicht mehr lange, bis Sie Cienfuegos, die Perle des Südens, erreichen. Die Stadt gehört zu den wohlhabenden Städten Kubas und das macht sich auch direkt am Stadtbild bemerkbar. Alles wirkt hier sauber und ordentlich. Einen Großteil zum Reichtum der Stadt tragen die Kreuzfahrtschiffe bei, die dieses Städtchen regelmäßig anfahren. Früher landeten hier die Briten und Franzosen, daher ist das Interessante an diesem Ort auch der Einfluss verschiedener Architekturstile. Von britisch über französisch bis hin zu maurisch.

Eine besondere Sehenswürdigkeit ist der Palacio del Valle, ein maurischer Palast auf der Punta Gorda, einer kleinen Landzunge im Meer gelegen. Sind Sie im Zentrum der Stadt untergebracht, empfehle ich, den Ausflug mit einem der zahlreichen Fahrradtaxen zu unternehmen. Auf der Punta Gorda selbst gibt es allerdings auch zahlreiche Unterkünfte, Hotels und wunderschöne Casas mit direktem Meerblick. Sie sollten unbedingt die Camarones probieren, diese sind hier besonders lecker! Mehr als eine Nacht müssen Sie für Cienfuegos nicht einplanen, denn am nächsten Tag haben Sie nur eine kurze Fahrt von ca. 1,5 Stunden vor sich. Es geht weiter nach Trinidad de Kuba. Definitiv ein Highlight jeder Kubareise und eine Region, die für jeden Reisenden etwas zu bieten hat. Unterwegs liegt der botanische Garten der Insel mit seiner Vielfalt an einheimischer Flora.

Gegen Mittag erreichen Sie Trinidad. Bitte beachten Sie, dass das Zentrum für Autos gesperrt ist. Wenn Sie sehr zentral untergekommen sind, können Sie eventuell nicht direkt bis zu Ihrer Unterkunft fahren. In Trinidad empfehle ich mindestens zwei Nächte zu verbringen, denn es gibt unheimlich viel zu entdecken. Den Nachmittag verbringen Sie in der Altstadt. Sie schlendern durch die Gassen mit Kopfsteinpflaster, genießen das einzigartige Flair dieser Stadt und erfrischen sich bei einer Canchanchara – dem traditionellen Honiglikörcocktail der Stadt. Im Museo Romantico sehen Sie wunderschöne Möbelstücke aus der Sklavenzeit, die diese Region sehr geprägt hat, denn Trinidad liegt mitten im Zuckerrohranbaugebiet und ist bekannt für seine Herrenhäuser aus jener Zeit. Die Plaza Mayor ist der zentrale Platz der Stadt, an der sich abends Touristen und

Einheimische zum Tanzen treffen. Privatrestaurants gibt es hier viele. Ein klassisches Souvenir aus dieser Region ist das Windspiel aus Ton, das es überall zu kaufen gibt. Außerdem laden die zahlreichen Kunstgalerien dazu ein, sich ein wunderschönes Gemälde für die Wohnzimmerwand auszusuchen.

Am nächsten Vormittag machen Sie einen Ausflug in den Luftkurort Topes de Collantes, der ca. 30 Minuten von Trinidad entfernt in den Bergen liegt. Dieser Ort ist bekannt für sein gutes Klima, seinen Kaffeeanbau und die zahlreichen Nationalparks, die man hier besuchen kann. Man erreicht Topes de Collantes von Cienfuegos, Trinidad oder Santa Clara aus und kann aus jeder Richtung unterschiedliche Nationalparks besuchen. Von Cienfuegos aus erreicht man den Nicho Park, einen Park, der sich ganz dem Thema Wasser gewidmet hat. Von Trinidad aus den Parque Cubano, den Codina Park (diese sind für Gäste geeignet, die eher einen Spaziergang als eine Wanderung machen möchten), den Caburní (eine sehr anspruchsvolle Trekkingtour) und den Guanayarapark, welcher meine Empfehlung ist. Mit russischen LKWs werden Sie, auf einer abenteuerlichen Fahrt, zum Ausgangspunkt der Wanderung gebracht. Über Stock und Stein geht es los, durch die wunderschöne tropische Landschaft. Bestimmt begegnen Sie hier dem Tocororo, dem kubanischen Nationalvogel, der sich in einem Federkleid in den Farben der kubanischen Flagge zeigt oder einem Kolibri, der ebenfalls hier zu Hause ist. Das Highlight der Wanderung ist das Bad im Wasserfall, also Badesachen nicht vergessen! Am Ende des Ausfluges wartet ein traditionell kubanisches Essen auf Sie. Zurück in Trinidad sind Sie am späten Nachmittag und wer gerne noch ein Bad im türkisblauen Meer genießen möchte, der sollte sich noch zu einem Abstecher an die einzigartige Playa Ancón, dem Karibikstrand der Stadt, hinreißen lassen.

Egal ob Sie nun zurückkehren nach Havanna oder weiter in den Osten reisen, Sie kommen am nächsten Tag auf jeden Fall durch das Valle Ancón, das Zuckerrohrmühlental. Sehenswert ist hier die Hacienda Managa Iznaga, die Finca des ehemaligen Zuckerbarons mit dem Sklaventurm. Es besteht die Möglichkeit, mit einem speziellen Zug durch dieses wunderschöne Tal zu fahren, was ich selbst für ein einzigartiges Erlebnis halte. Wenn Sie Glück haben, gibt es gerade frischen Guarapo, einen typischen

Zuckerrohrsaft, den Sie auf jeden Fall probieren sollten.

Für die Reisenden, die nur zwei Wochen Zeit haben, gibt es nun verschiedene Möglichkeiten, Ihre Reise zu beenden. Über Sancti Spiritus und das Studentenstädtchen Santa Clara mit dem bekannten Che Mausoleum, können Sie ein paar Badetage auf Cayo Santa Maria anhängen - einer traumhaften vorgelagerten Insel, die Sie mit dem Mietwagen über eine ca. 40 Kilometer lange Landzunge erreichen. Hier haben Sie Ruhe und Erholung und können einmal so richtig die Seele baumeln lassen.

Für die Gäste, die gerne ausgehen und Menschen um sich herumhaben, empfehle ich diese Tage in Varadero zu verbringen. Varadero ist wohl der bekannteste Badeort Kubas und hat neben Souvenirmärkten, Abendveranstaltungen und Restaurants auch zahlreiche Ausflugsmöglichkeiten ins Hinterland zu bieten. Durch die vielen ansässigen Hotels ist es allerdings auch sehr touristisch. Wem das nichts ausmacht, der ist dort bestens aufgehoben. Natürlich ist es auch möglich, direkt nach Havanna zurückzukehren. Sie sollten allerdings unbedingt noch eine Nacht vor Ihrer Abreise in der Nähe Ihres Abflugortes

einplanen, denn man sollte immer mit unvorherge-
sehenen Ereignissen auf den Straßen rechnen und so
sind Sie einfach auf der sicheren Seite.

Für die Reisenden, die drei Wochen Urlaub auf Kuba
machen, geht es weiter in den wilden Osten, dem weniger touristischen Teil der Insel. Da die Strecke
recht weit ist, müssen Sie einen Zwischenstopp einlegen. Hierfür eignet sich das Städtchen Camaguey
sehr gut, eine Stadt, die sich gerade sehr im Wandel
befindet, von ihrem Image als Durchfahrtsstadt ab-
kommen und sich für den Tourismus interessanter
gestalten will. Da diese Stadt wie ein Labyrinth an-
gelegt ist, empfehle ich Ihnen, sich eines der typischen Fahrradtaxen zu nehmen, um die Stadt zu erkunden.

DER WILDE OSTEN

Auf geht es nach Santiago de Kuba, der heimlichen
Hauptstadt der Insel. Je weiter Sie in den Osten kommen, desto heißer wird es. Dieser Teil der Insel ist
touristisch noch nicht so überlaufen, denn man darf
nicht vergessen, dass die komplette Insel ca. 1200
km lang ist und es schon einige Zeit in Anspruch

nimmt, sie komplett zu bereisen. Viele Gäste haben leider gar nicht so lange Urlaub.

Unterwegs ragt mitten aus dem Urwald die beeindruckende Basilica del Cobre mit der berühmten Virgen de la Caridad del Cobre heraus. Passen Sie hier besonders auf Ihre Wertgegenstände auf und lassen Sie sich nicht ansprechen von den vielen Bettlern, die hier auf Sie warten und Ihnen Dinge verkaufen möchten.

Es gibt auf der Insel einige Religionen, die vertreten werden. Von Atheisten über Katholiken bis hin zu den Vertretern der Santería, der afroamerikanischen Hauptreligion Kubas, sind alle Religionen vertreten. Wer sich für die Santería genauer interessiert, kann zu diesem Thema spezielle Museen besuchen oder ganze Stadtbesichtigungen zu dieser Thematik buchen.

Ich selbst bin kein großer Santiago-Fan, das ist aber absolute Geschmackssache und hier scheiden sich die Geister. Ich kenne viele Menschen, die diese Stadt lieben. Besonders schön finde ich die Festung der Stadt und die Casa Velazquéz, das älteste Haus der Stadt, das heute ein Museum ist. Wer gerne Museen besucht, kann auch dem Karnevalsmuseum einen Besuch abstatten, welches als beliebtestes Museum der Stadt gilt. Hier wird die Geschichte des Karnevals in Santiago von der Sklavenzeit bis heute erklärt.

Ein weiterer Anziehungspunkt ist der Friedhof Cementerio Santa Ifigenia, welcher zum Nationaldenkmal erklärt wurde. Hier liegen Mitglieder der Bacardi-Familie, Fidel Castro und der Nationalheld José Martí begraben. Martís Grab wird von einer Militärgarde bewacht, deren regelmäßige Wachablösung ein Ritual ist, das gerne von Touristen besucht wird.

Hier im Osten der Insel ist die Natur noch viel tropischer als auf dem Rest der Insel. Naturliebhaber können den Pico Turquino besteigen, der mit seinen 1974 Metern der höchste Berg Kubas ist.

Weiter geht es zu einem meiner weiteren Inselhighlights – nach Baracoa, dem östlichsten Zipfel der Insel. Bereits die Fahrt dorthin ist ein wunderschönes Erlebnis. Vorbei an Guantánamo, an der Küstenstraße mit ihren beeindruckenden Kakteen entlang (ein besonderes Bild und eine Vegetation, die Sie sonst nirgends finden auf Kuba), führt Sie die Fahrt durch die Berge. La Farola ist die berühmte

Panoramastraße, die Sie mit fantastischen Ausblicken auf den Regenwald belohnt. Hier ist es einfach wunderschön!

In Baracoa angekommen, empfehle ich Ihnen nicht eine Unterkunft direkt im Zentrum zu buchen, sondern noch ca. zwanzig Kilometer weiter zu fahren und in der Villa Maguana unterzukommen. Einem wunderschönen, einfachen Holzhotel direkt am Meer mit eigener Badebucht. Von hier aus haben Sie auch einen guten Ausgangspunkt für die Ausflüge, die Sie hier in der Region auf keinen Fall verpassen sollten. Ein ganz besonderes Erlebnis ist der Besuch des Alexander-Humboldt–Nationalparks, der von der UNESCO zum Weltkulturerbe erklärt wurde. Es bietet sich Ihnen hier eine einzigartige Flora und Fauna. Leider ist es auf Kuba nicht möglich, die Nationalparks auf eigene Faust zu erkunden. Dies macht aber durchaus Sinn, da es keine ausgeschilderten Wege gibt und Sie von den gut ausgebildeten Spezialreiseleitern vor Ort mit viel Wissen versorgt werden.

Wer es gerne gemütlicher mag, der macht eine Bootsfahrt auf dem Rio Toa und genießt die Landschaft vom Wasser aus.

Wissbegierige können bei einer Besichtigung der Finca Duaba und auf dem Kakaopfad alles über dessen Anbau lernen. Kakao ist ein Hauptanbauprodukt dieser Region, daher werden Sie diesen auch in jeder Casa morgens zum Frühstück bekommen. Nehmen Sie sich doch eine der Kakaokugeln mit nach Deutschland und reiben Sie sich morgens den Kakao frisch in die Milch. Eine typische Süßigkeit der Region wird aus Kokosnuss hergestellt und überall an den Straßen verkauft, aber Achtung: Es erwartet Sie ein Zuckerschock!

Natürlich sollten Sie auch hier unbedingt Fisch und Meeresfrüchte essen und nur hier in Baracoa werden diese in einer leckeren Kokossauce zubereitet. Für mich ein absoluter Gaumenschmaus.

Dieses Stück Erde ist so wunderschön und einzigartig, dass Sie hier mindestens zwei volle Tage einplanen sollten.

Am Abreisetag sollten Sie sehr früh aufbrechen, denn es erwartet Sie eine Fahrt von ca. sechs bis sieben Stunden. Die Strecke ist kilometertechnisch gesehen nicht lang, aber die Straßenverhältnisse so schlecht, dass Sie diese Zeit einplanen müssen. Es erwartet Sie eine Fahrt durch abgelegene Ortschaften und Nickelanbaugebiete, bis Sie das Ende Ihrer Reise erreichen – den Traumstand von Guardalavaca in der Region Holguin. Wer möchte, kann unterwegs noch einen Zwischenstopp auf Cayo Saetía für eine Nacht einlegen. Dieses vorgelagerte Inselchen besticht nicht nur mit seiner einzigartigen Strandkulisse, sondern auch mit einer artenreichen Tierwelt.

Guardalavaca gehört mit zu den schönsten Stränden Kubas und das Gute daran ist, dass er nicht weit entfernt ist von Ihrem Abflughafen Holguin. Sie finden hier zahlreiche Hotelangebote und können Ihre erlebnisreiche Reise noch einmal Revue passieren lassen, bevor Sie die Heimreise antreten.

KUBAS TRAUMSTRÄNDE

Kubas Strände sind natürlich eines der Wahrzeichen dieses Urlaubszieles. Über die ganze Insel verteilt haben Sie immer wieder die Möglichkeit, Badestopps einzulegen, egal ob an der Karibik- oder der Atlantikküste.

Schon in Havanna haben wir die Playas del Este, den Stadtstrand der Hauptstadt. Nachteil ist hier, dass der Strand oft verschmutzt ist, da die

Einheimischen diesen viel nutzen und Naturschutz auf Kuba noch nicht so weit verbreitet ist. Außerdem muss man sehr auf seine persönlichen Dinge aufpassen, da diese gerne mal im Vorbeigehen mitgenommen werden, das gilt selbst für Handtücher oder Kleidung.

Der Strand von Jibacoa ist meine Empfehlung, wenn man in der Nähe von Havanna baden gehen möchte. Weißer naturbelassener Strand und traumhaftes türkisblaues Meer laden hier zum Verweilen ein. Man kann sich Liegen mieten und ohne weit rausschwimmen zu müssen, kann man wunderschöne bunte Fische beobachten. Ich selbst kann nicht genug bekommen von diesem Ort.

Ca. 1,5 Fahrstunden von Havanna entfernt liegt in Varadero der wohl bekannteste Strand der Insel. Varadero ist wunderschön, das steht außer Frage. Hier gibt es Hotels jeglichen Standards, Souvenirmärkte, zahlreiche Ausflüge in die Umgebung und ins Hinterland der Region und einen Ortskern mit Restaurants und Ausgehmöglichkeiten. Hier ist also einiges los. Ich rate nicht generell ab, diesen Strand zu besuchen, man muss es einfach mögen von vielen Menschen umgeben zu sein und sich im Klaren darüber sein, dass dieser Ort sehr touristisch ist. Wer nicht nur am Strand liegen, sondern auch etwas erleben möchte, ist hier auf jeden Fall sehr gut aufgehoben. Ein weiterer Pluspunkt ist sicher die Nähe zu Havanna, was auf jeden Fall praktisch ist, sollten Sie von der Hauptstadt aus wieder nach Hause fliegen. So können Sie bis zur letzten Minute Ihre Urlaubszeit genießen. Varadero selbst hat ebenfalls einen internationalen Flughafen, vielleicht haben Sie ja auch diesen für Ihren Abflug gewählt?

Im Westen der Insel befinden sich die Strände von Cayo Levisa, Cayo Jutias und Maria la Gorda.

Cayo Levisa ist nur mit einer Fähre zu erreichen und liegt im Golf von Mexiko. Man kann dort entweder einfach nur den Tag am Strand verbringen oder aber auch übernachten. Da es aber nur ein Hotel gibt, das sehr beliebt ist, sollte man diesen Aufenthalt sehr frühzeitig buchen.

Cayo Jutías ist auf jeden Fall einen Tagesausflug wert. Ausgangspunkt ist Vinales. Die Straßenverhältnisse sind schlecht, aber der Weg dorthin einzigartig und ein Naturschauspiel.

Ein Aufenthalt in Maria la Gorda, am westlichsten Zipfel, lohnt sich nur für Taucher oder

Schnorchler. Das Gebiet zählt zu den besten Tauchgebieten der Insel, unter anderem weil sich dort das zweitlängste Korallenriff der Welt befindet.

Ein Ziel das ich bisher noch gar nicht erwähnt habe, ist die Isla de la Juventud, ebenfalls westlich von Havanna gelegen. Diese Insel ist Kubas größte Nebeninsel und ist nur mit einer Fähre oder per Inlandsflug zu erreichen. Touristisch ist diese Insel noch komplett unerschlossen, daher gibt es auch keinerlei Infrastruktur. Ein einziges Hotel, aber keinerlei Transportmöglichkeiten. Lediglich einige Kreuzfahrtschiffe fahren diese Insel für einen Tagesausflug an. Für eine Kubareise ist ein Besuch hier also leider sehr schwierig.

In Zentralkuba, dem südlichen Teil der Insel, ist das Highlight sicher die Playa Ancón in Trinidad. Ein Strand wie aus dem Prospekt. Traumhafte Wassertemperaturen und einzigartige Kulisse. Im Strandrestaurant Grill Caribe bekommen Sie leckere Speisen serviert. Natürlich lohnt es sich, Fisch oder Meeresfrüchte zu bestellen!

In der südlichen Region liegt auch Cayo Largo del Sur, wieder eine Insel, die zu Kuba gehört, aber nicht per Landzunge vom Festland aus zu erreichen ist. Wer Cayo Largo besuchen möchte, ist auf einen Inlandsflug angewiesen und wie ich schon zu Beginn meines Ratgebers erwähnte, sind diese nicht zu empfehlen. Cayo Largo ist ebenfalls ein Taucherparadies und touristisch noch weniger erschlossen als der Rest Kubas. Ein Highlight hier sind sicher die Meeresschildkröten, die ihre Eier an der Playa Tortuga ablegen.

An der Nordküste, unweit von Santa Clara, liegt Cayo Santa Maria. Mit dem Mietwagen erreicht man diese kleine Insel über eine ca. 40 Kilometer lange Landzunge. Mangrovenwälder schmücken die Küste und bieten Unterschlupf für zahlreiche Vogelarten. Dieser Küstenstreifen wird von der staatlichen Touristikagentur Gaviota verwaltet, die dem Militär gehört. Hier sind die Gäste richtig, die wirklich nur Strand und Erholung suchen und gerne abends schon früh ihre Ruhe haben wollen. Da die Hotels hier alle staatlich verwaltet werden, habe ich persönlich die Erfahrung gemacht, dass die Auswahl und Qualität an Verpflegung und Getränken in diesen Hotels oftmals nicht zu vergleichen ist mit Hotels an anderen Stränden.

In der nördlichen Provinz Ciego de Avila liegt

mein absoluter Lieblingsstrand – Cayo Coco/Cayo Guillermo. Über eine Landzunge, rechts und links vom Meer umgeben, fährt man auf diese vorgelagerte Insel, die zur Inselkette Jardines del Rey gehört. Trotz der breiten Hotelauswahl hat man genug Ruhe und Abgeschiedenheit, um sich zu entspannen. Man findet zahlreiche Vogelarten vor, unter anderem auch Flamingos und kann hier wunderbare Tage verbringen. Bekannt ist dieser Strand nicht nur für seine weißen Sandstrände, sondern auch für seine Korallenriffe. Cayo Coco finde ich persönlich schöner als Cayo Guillermo, beide Strände liegen auf derselben Landzunge. Ein Geheimtipp auf dieser Landzunge ist der Strandabschnitt Playa Pilar, der oft als schönster Strandabschnitt ganz Kubas bezeichnet wird.

Der letzte Strand, den ich vorstellen möchte, befindet sich im Osten der Insel, in der Provinz Holguin. Die Playa Guardalavaca ist der perfekte Abschluss einer Kubareise für Gäste, die bis in den Osten reisen. Nur ca. 30 Minuten entfernt vom internationalen Flughafen liegt der Küstenstreifen, der sich namentlich aufteilt in Playa Guardalavaca, Playa Esmeralda und Playa Pesquero. Feine weiße

Sandstrände und türkisblaues Wasser sind eine Augenweide, Korallenriffe und die bunte Unterwasserwelt Anziehungspunkte für Taucher und Schnorchler.

NUN HEIßT ES ABSCHIED NEHMEN

Mit vielen einzigartigen Erlebnissen und Eindrücken im Gepäck treten Sie heute die Heimreise an. Sie verlassen die Insel, die Sie in eine längst vergangene Zeit versetzt hat. Auf der Sie gelernt haben, wie Menschen mit dem Notwendigsten leben, zurechtkommen und trotzdem glücklich sind. Wie Menschen aus der Not heraus erfinderisch und kreativ werden, um Ihren Alltag zu bestreiten. Sie merken wie angenehm es ist, einmal nicht ständig erreichbar und weit weg von ständigen Anrufen oder WhatsApp - Nachrichten zu sein.

Sicher haben Sie auf Ihrer Reise nette Bekanntschaften gemacht und die kubanische Gastfreundschaft genießen dürfen. Sie haben lecker gegessen und sich an wunderschönen Stränden entspannt. Die gute Luft in den Nationalparks genossen, einzigartige und beeindruckende Naturkulissen zu sehen bekommen, Sie haben zu heißen Rhythmen getanzt und Mojito getrunken. Abwechslungsreicher kann so eine Auszeit doch gar nicht sein. Vielleicht ist unterwegs nicht alles glatt gegangen oder Sie hatten mit der ein oder anderen Hürde zu kämpfen, aber ohne diese Vorkommnisse wäre es kein richtige Kubaaufenthalt. Auch das gehört dazu und ist typisch kubanisch. Vielleicht haben Sie vor Ort nicht alles so vorgefunden, wie Sie es sich vorgestellt hatten. Lassen Sie sich dadurch nicht die Stimmung verderben und nehmen Sie es mit Humor. Seien Sie flexibel und spontan, lassen Sie los und lernen Sie, kreative Lösungen zu finden. Seien Sie mutig und trauen Sie sich, die Insel auf eigene Faust zu bereisen, denn so werden Sie tiefe Einblicke in das Leben der Einheimischen und die Strukturen des Landes bekommen.

Scheuen Sie nicht den Kontakt zur Bevölkerung, trauen Sie sich die paar Wörter Spanisch anzuwenden, die Sie vielleicht zuvor aus einem Reiseführer gelernt haben. Die Kubaner freuen sich über jeden, der freundlich versucht Kontakt mit ihnen aufzunehmen und der sich für ihre Kultur und ihre Sprache interessiert. Bestimmt haben Sie festgestellt, dass das kubanische Spanisch einen eigenen Akzent hat und nicht so einfach zu verstehen ist - so werden zum Beispiel gerade auch in Havanna sogar Buchstaben verdreht. Amor ist dort nicht Amor, sondern Amol. Spannend, oder?

Informieren Sie sich vor der Reise genauer über das Land, in das Sie fahren. Geschichte und Politik sind wichtige Aspekte für Ihre Kubareise. Sozialismus und Kommunismus sind Schlagworte, über die Sie sich informieren sollten. Das wird Ihnen helfen, viele Dinge vor Ort besser verstehen zu können.

Zu Hause angekommen, werden Sie Ihre zahlreichen Bilder entwickeln lassen, diese in ein wunderschönes Reisealbum kleben und beim Durchblättern in einzigartigen Erinnerungen schwelgen.

Und wer weiß, vielleicht kehren Sie ja auch einmal zurück auf diese wunderbare Karibikinsel, denn wenn Sie das Kubafieber einmal gepackt hat, dann lässt es Sie nicht mehr los!

Herstellung und Verlag:

BoD – Books on Demand, Norderstedt

ISBN: 9783751971089

1. Auflage

Kontakt: Psiana eCom UG/ Berumer Str. 44/ 26844 Jemgum

Covergestaltung: Fenna Larsson

Coverfoto: depositphotos.com